El sorprendente río Mekong

Escrito por Claire Owen

Vietnam

Me llamo Kim-Ly. Vivo en la ciudad de Ho Chi Minh, Vietnam. Una de las cosas que más me gusta es navegar en el río con mi familia. ¿Por qué los ríos son tan importantes? ¿Qué uso piensas que le dan al río quienes viven a lo largo del Mekong?

Contenido

Donde me veas, encontrarás actividades que reforzarán tu aprendizaje y preguntas para responder.

El sorprendente Mekong

El Mekong es el río más extenso del sureste de Asia.
Alimentado por los glaciares del Tíbet, el río serpentea
a lo largo de 2 600 millas, pasa por desfiladeros en China
y atraviesa selvas en Laos. Forma cataratas en Camboya
y llega a la llanura de los Juncos en el sureste de Vietnam.
Ahí, el Mekong forma un extenso delta para verter sus aguas
en el mar del sur de China.

En Vietnam, el Mekong es conocido
como *Cuu Long* (Nueve Dragones),
porque tiene nueve "bocas" que
llegan al mar.

delta Llano comprendido entre los brazos de un río en
su desembocadura.

Tíbet

Río Mekong

CHINA

MYANMAR

VIETNAM

LAOS

TAILANDIA

CAMBOYA

Delta del río Mekong

Medir el río

Medir la longitud del río Mekong es una tarea difícil.
El río nace en lo alto de las remotas montañas del Tíbet,
a una altura de 17 135 pies, y su fuente no había sido
oficialmente identificada hasta 1999. El Mekong tiene
muchos tributarios. Se sabe que cuando se desborda, llega a
tener 2 millas y media de ancho y una profundidad de más
de 300 pies. Estos factores hacen difícil medir el río.

Los ríos más largos de cada continente

Continente	Río	Longitud (millas)	Descarga promedio (pies cúbicos de agua por segundo)
África	Nilo	4 145	180 100
Antártida	—	—	—
Asia	Yang tze	3 915	1 126 500
Oceanía	Murray–Darling	2 310	27 100
Europa	Volga	2 290	285 300
Sudamérica	Amazonas	4 005	7 733 900
América del Norte	Mississippi–Missouri*	3 710	572 100

* En algunas referencias, el Mississippi–Missouri es considerado mayor que el Amazonas. La longitud establecida de un río depende tanto de su medición como de los tributarios que se incluyan.

tributario   Corriente o riachuelo que fluye hacia un lago
o río extenso.

El Amazonas lleva alrededor del 20 por ciento del agua dulce que desemboca en los océanos de todo el mundo. A 200 millas de la desembocadura, ¡el mar tiene tanta agua dulce que se puede beber!

En esta fotografía, tomada desde el espacio exterior, el agua del Amazonas puede identificarse como un área café.

Resuélvelo

1. Compara la longitud del Mekong (página 4), con la de los ríos de la página 6. ¿Qué tan largo o corto es el Mekong en comparación con los demás?

2. Haz una lista de los ríos de la gráfica de la página 6 en orden de:

   a. longitud, del más largo al más corto

   b. descarga, del mayor al menor volumen

3. En promedio, ¿cuántos pies cúbicos de agua descarga el Nilo en el mar:

   a. cada minuto?

   b. cada hora?

   c. cada día?

4. ¿Cuánta más agua descarga el Amazonas cada segundo que los ríos de la gráfica anterior juntos?

Río arriba

En 1866, unos exploradores franceses viajaron río arriba por el Mekong en canoas impulsadas por remos de bambú. Esperaban que el río resultara ser una provechosa ruta de comercio hacia China. Sin embargo, cerca de la frontera de Laos y Camboya, sus esperanzas se frustraron al llegar a las cataratas de Khone, una extensión de rápidos y cascadas de 6.7 millas de largo. ¡Los exploradores encontraron sanguijuelas, tigres, arenas movedizas y enfermedades!

Cataratas de Khone

arenas movedizas Arena húmeda y blanda que absorbe todo lo que se posa en ella.

Las sanguijuelas viven en la selva y en las corrientes poco profundas de los ríos y los lagos. Tienen ventosas en forma de discos para pegarse a la piel y chupar la sangre.

Un artista que viajaba con la expedición francesa dibujó algunas vistas de la expedición. Este dibujo muestra una canoa (primer plano) en el Mekong.

¿Cuántos años han pasado desde la expedición francesa río arriba por el Mekong?

Gigantes del Mekong

Por ser el río más largo del sureste de Asia, el Mekong es una importante fuente de agua para seis países. Cerca de 90 millones de personas cuentan de un modo u otro con el Mekong, y la pesca es una de las industrias más importantes. El río es el hogar de aproximadamente 240 especies de peces, y una cuarta parte de dichas especies se encuentran únicamente en el Mekong. El mayor de los peces endémicos es el bagre gigante del Mekong.

El bagre gigante del Mekong es el pez más grande de agua dulce y no tiene escamas. Conocido en Tailandia como *pla buk* (pez grande), puede alcanzar 10 pies de largo y pesar hasta 650 libras. En la actualidad, este pez gigante se encuentra en grave peligro.

endémico   Nativo de un sitio en particular y que sólo puede encontrarse en determinada región.

Otros peces enormes que viven en el Mekong son la carpa siamesa gigante y la raya gigante de agua dulce. La carpa de la izquierda pesaba cerca de 200 libras. La raya de la parte inferior medía cerca de 14 pies de largo y pesaba aproximadamente 1 000 libras.

En el centro de Camboya, una persona come en promedio $2\frac{3}{4}$ libras de pescado por semana. ¿A cuántas personas alimentaría un bagre de 650 libras durante una semana?

La canasta de arroz

Otra importante industria que depende del agua del Mekong es la del cultivo de arroz. Vietnam es uno de los mayores exportadores de arroz en el mundo, y más de la mitad de la producción nacional se cultiva en el delta del Mekong. En 2004, Vietnam produjo más de 33 millones de toneladas de arroz. La mayor parte de la producción de arroz se cultiva en granjas familiares, ya que más de la mitad de la fuerza de trabajo vietnamita está relacionada con la agricultura.

¿Sabías que...?

- En 2004, la cosecha mundial de arroz alcanzó un récord aproximado de 611 millones de toneladas.
- Los granjeros asiáticos cultivan cerca de 90 por ciento del arroz del mundo.

El delta del Mekong es una de las dos "canastas de arroz" de Vietnam. La otra zona principal para el cultivo del arroz es el delta del río Hong (Rojo).

Usa una calculadora para deducir averiguar las cantidades que hacen falta en la gráfica inferior.

Arroz exportado por Vietnam

Año	Exportación (toneladas)	Valor total (dólares)	Precio promedio (dólares por tonelada)
2000	3 393 800	615 829 670	181.45
2001	3 536 919	544 982 188	¿?
2002	3 258 514	¿?	184.27
2003	¿?	675 818 100	174.64

13

Un grano antiguo

El arroz se originó en Asia hace miles de años. Se han hallado fósiles de plantas de arroz en una cueva de Tailandia que datan del año 10 000 a. de C., y se sabe que los humanos han cultivado arroz desde hace más de 8 000 años. Las primeras variedades de arroz crecían únicamente en lugares húmedos y cálidos. Sin embargo, en la actualidad existen cerca de 7 000 variedades que pueden adaptarse a distintos climas. El arroz crece en todos los continentes, excepto en la Antártida.

¿Sabías que...?

- En algunas lenguas asiáticas la palabra *arroz* significa lo mismo que *comida*.
- Para 2 mil millones de personas en el mundo, el arroz representa, al menos, el 50 por ciento de su dieta diaria.

cultivar Hacer crecer una planta nueva con una semilla o parte de otra planta.

El delta del Mekong es un área ideal para el cultivo del arroz flotante. El arroz se planta a comienzos de la temporada húmeda, y los tallos crecen conforme se incrementa la profundidad del agua. Después de muchos meses, las aguas bajan y las plantas se secan antes de ser cosechadas.

Observa estas gráficas de Can Tho, la principal ciudad en el delta del Mekong. ¿Qué mes es el más cálido? ¿El más húmedo? ¿Cuál de los meses más lluviosos es el más fresco?

Promedio mensual de lluvia

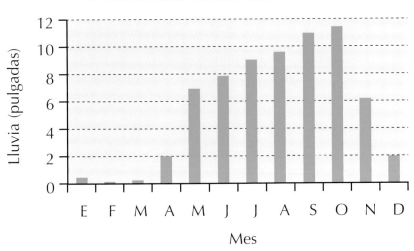

Promedio mensual de temperatura máxima

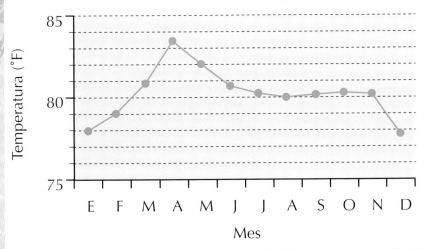

Incrementar la cosecha

Los agricultores del delta del Mekong solían sembrar una sola cosecha de arroz cada año. Sembraban sus semillas en julio y cosechaban seis meses después. Cada acre de terreno producía cerca de 0.4 toneladas del grano. Sin embargo, desde la década de 1980, se ha introducido una alta producción de diversos tipos de arroz. Algunas variedades maduran más rápido o pueden crecer durante el invierno. Esto ha hecho posible producir tres cosechas de arroz cada año.

Calcula el total de arroz cosechado en Vietnam, durante cada año, en la tabla inferior.

Cosechas de arroz de Vietnam
(millones de toneladas)

Temporada	2002	2003	2004
Temporada de lluvias	8.130	8.116	7.844
Invierno-primavera	15.591	15.600	15.764
Verano-otoño	8.251	8.605	9.676

Haz una gráfica de barras múltiples

Para hacer una gráfica que muestre la cosecha de arroz de Vietnam necesitarás una hoja cuadriculada, una copia de la Hoja de ejercicios, una regla milimétrica y tres lápices o marcadores de diferente color.

1. Copia la gráfica de la página 16, pero redondea cada número con decimales.

Cosechas de arroz de Vietnam (millones de toneladas)

Temporada	2002	2003	2004
Temporada de lluvias	8.1	8.1	7.8
Invierno-primavera			
Verano-otoño			

2. En la Hoja de ejercicios, colorea una barra de 8.1 cm de alto para mostrar la cosecha de la temporada de lluvias de 2002.

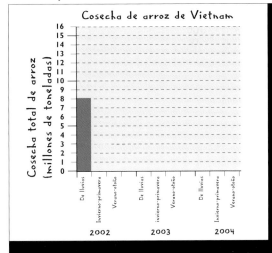

3. Dibuja columnas del mismo color para determinar la cosecha de la temporada de lluvias para los otros dos años.

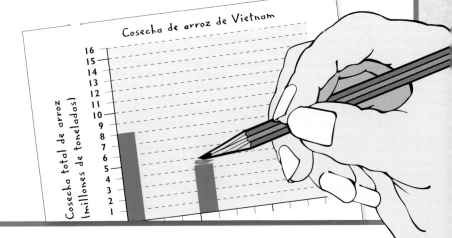

4. Usa marcadores diferentes para señalar las columnas de cada cosecha. Usa un tercer color para el verano.

Los patos del delta

De los cerca de 30 millones de patos que se crían en Vietnam cada año, alrededor de dos tercios se crían en el delta del Mekong. Tradicionalmente, los patos viven en los arrozales y se alimentan de insectos y hierbas, lo que elimina la necesidad de usar costosos pesticidas y herbicidas. Además, el estiércol de pato proporciona valiosos nutrientes a los cultivos de arroz. En algunos arrozales hay criaderos de peces.

eliminar Librarse de algo.

Se crían distintas variedades de patos para obtener carne y huevos. La aves proveedoras de carne son más grandes que las aves ponedoras. Cada ponedora produce, en promedio, 180 huevos al año. Cada huevo pesa cerca de 2 onzas.

¿Aproximadamente, cuántos huevos producirá un ave ponedora a los cuatro años de edad? ¿Y cuántas libras pesarán todos esos huevos juntos?

Puentes amigables

El Mekong atraviesa seis naciones y en ocasiones ha separado a los habitantes de esos países. En algunos lugares, ¡cruzar el Mekong por ferry toma más de una hora! En 1994, el gobierno australiano ayudó a construir el primer Puente de la Amistad, que atraviesa el río Mekong entre Laos y Tailandia. Desde entonces, otros países han ayudado a construir puentes en Camboya y Vietnam.

El primer Puente de la Amistad que une Laos y Tailandia, mide 3851 pies de largo y su construcción costó 42 millones de dólares.

atravesar　　Alcanzar o llegar al otro lado.

El primer puente que cruza el delta del Mekong se inauguró en el año 2000. El Puente de la Amistad My Thuan mide 2 165 pies de largo, y tuvo un costo de 95 millones de dólares. Diariamente, cerca de 60 000 personas viajan en vehículo a lo largo del puente, y muchas más lo cruzan a pie.

En promedio, ¿cuántos días le tomaría a un millón de personas cruzar el puente My Thuan en vehículo?

¿Cuál es la diferencia de longitud entre los dos puentes amigables de las ilustraciones? ¿Cuál es la diferencia en el costo de construcción entre uno y otro?

21

Motivos de preocupación

A pesar de ser un inmenso y poderoso río, el Mekong se encuentra en riesgo. Conforme aumenta la población, la contaminación aumenta y la pesca excesiva comienza a convertirse en un serio problema. El desbroce constante de la tierra para el cultivo provoca la erosión del suelo, y las presas alteran y dañan el ciclo de inundaciones natural del río. Por lo tanto, es urgente que se implementen prácticas sustentables para que el Mekong continúe siendo un río poderoso.

En el pasado, el Mekong fue hogar de miles de delfines Irrawaddy. Los delfines ayudaban a los pescadores, guiando a los peces hacia las redes. Ahora los pescadores usan redes ancladas en la plataforma del río. Los delfines quedan atrapados en estas redes y se ahogan. En la actualidad sólo quedan cerca de 100 delfines Irrawaddy en el Mekong.

sustentable   Que puede mantenerse durante mucho tiempo.

Estas casas situadas en la orilla del
Mekong se encuentran en riesgo debido
a la erosión de la ribera.

Muchas presas como ésta,
situada en China, se han
construido a lo largo del
río Mekong, y se planea
edificar otras más.
Las presas son ideales
para generar electricidad y
prevenir desbordamientos
catastróficos. Sin embargo,
las presas detienen la
migración de los peces río
arriba, lo que obstaculiza
su reproducción.

catástrofe Suceso repentino que provoca pérdidas, daños o sufrimiento.

Respuestas modelo

Investiga las características de algún río que pase en tu ciudad, provincia o país.

Página 7

1. 1 545 millas más corto que el Nilo

   1 315 millas más corto que el Yang Tze

   290 millas más largo que el Murray Darling

   1 405 millas más largo que el Volga

   310 millas más corto que el Amazonas

   1 110 millas más corto que el Mississippi

3. a. 10 806 000

   b. 648 360 000

   c. 15 560 640 000

4. 5 542 800 pies cúbicos

Página 11 236 personas

Página 13 2001: $154.08

2002: $600 446 375

2003: $3 870 000

Página 15 Abril, octubre, agosto

Página 19 720 huevos, 90 libras

Página 20 Cerca de 17 días; 1 686 pies;

53 millones de dólares

Índice